노경실 선생님이 들려주는 직업 안전

노경실 선생님이 들려주는
직업 안전

ⓒ 2025 노경실

1판 1쇄 펴낸날 | 2025년 8월 20일

지은이 | 노경실
그린이 | 서다정
펴낸이 | 양승윤

펴낸곳 | (주)와이엘씨
출판등록 | 1987년 12월 8일 제1987-000005호
주소 | 서울특별시 강남구 강남대로 354 혜천빌딩 15층 (우)06242
전화 | 02-555-3200
팩스 | 02-552-0436
홈페이지 | www.aladinbook.co.kr

occupational safety
by Noh Kyeong-sil

Copyright ⓒ 2025 by Noh Kyeong-sil
Printed in KOREA

값 13,000원
ISBN 978-89-8401-738-2 74810
ISBN 978-89-8401-724-5 74810(세트)

알라딘 북스는 (주)와이엘씨의 아동 전문 출판 브랜드입니다.

| KC 공통안전기준 표시사항 | ① 품명 : 노경실 선생님이 들려주는 직업 안전
② 제조자명 : 알라딘북스
③ 주소 : 서울시 강남구 강남대로 354
④ 연락처 : 02-555-3200
⑤ 제조년월 : 2025년 8월
⑥ 제조국 : 대한민국 | ⑦ 사용연령 : 7세 이상
⑧ 취급상 주의사항
　• 종이에 베이지 않도록 하세요.
　• 책의 모서리가 날카로우니 던지거나 떨어뜨려 다치지 않도록 주의하세요.
⑨ KC마크는 이 제품이 공통안전기준에 적합하였음을 의미합니다. |

노경실 선생님이 들려주는
직업 안전

글 노경실 | 그림 서다정

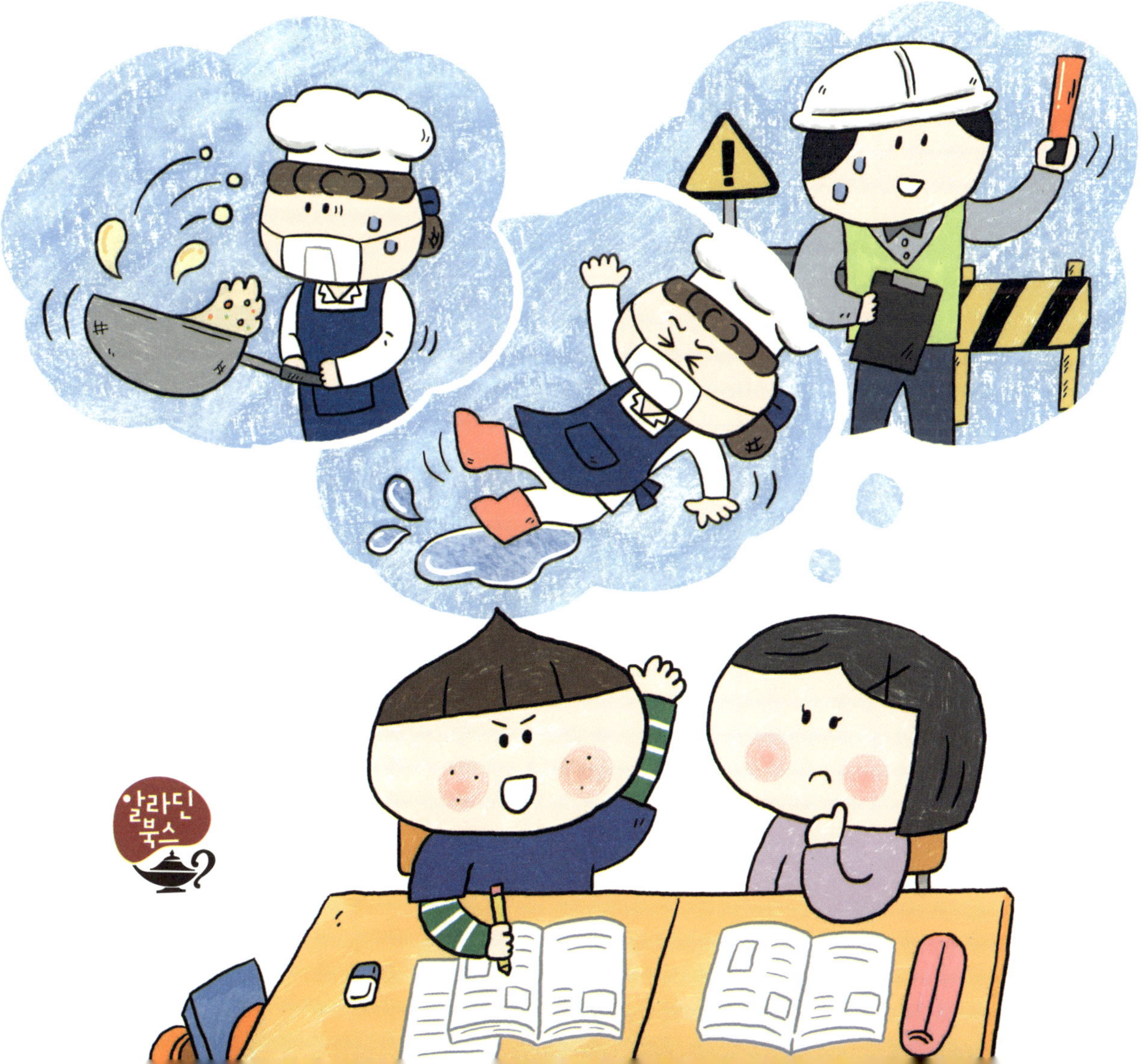

 머리말

안전한 생활이
안전한 미래를 만들어요!

　나의 어린 시절을 생각하면 지금은 말 그대로 꿈 같은 세상입니다. 24시간 아무 때나 서로 얼굴을 보며 전화를 할 수 있지요. 궁금한 것이 있으면 손에 들고 있는 스마트폰을 통해 바로바로 찾아볼 수도 있습니다. 먹고 싶은 것은 언제 어디서고 배달 서비스를 받을 수 있어요. 편리해진 우리의 생활을 다 이야기하자면 일주일도 넘게 걸릴지 모르겠어요. 그중에서도 가장 큰 변화는 아마도 인공지능일 거예요. 영화에서만 보던 로봇이 우리를 위해 일하는 세상이 되었으니까요.

　그런데 참 이상하지요? 날마다 새로운 기술, 첨단 제품들이 나오는데 왜 세상은 더 위험해지고 있는 것일까요? 아마 가장 큰 이유는 너무나 복잡해지고, 정신없이 빠르게 움직이는 사회 구조 때문일 거예요. 그러기에 지금 우리에게 안전한 환경을 만드는 것은 정말 중요합니다. 특히 어린이에게는 가정에서도, 학교에서도 안전 교육이 꼭 필요합니다. 안전은 '말'이나 '생각'만으로 되는 것이 아닙니다. '올바른 앎' 즉, 지식이 있어야 합니다. '아는 만큼 보고 아는 만큼 이해한다'는 속담을 기억하나요? 안전도 마찬가지입니다. 아는 만큼 내 안전을 잘 지킬 수 있습니다. 책과 교육을 통해 정확하고 올바른 안전 지식을 가져야 합니다.

나는 '어린이 안전 동화 시리즈'를 통해 어린이들에게 나를 안전하게 지키는 것은 나의 생명과 건강을 보호하는 것이며, 나의 멋진 미래를 가꾸는 첫걸음이라는 것을 알려 주고 싶습니다.

그리고 이것이 바로 나를 사랑하는 사람들에게 가장 큰 기쁨과 선물이라는 것을 잊지 않기를 바랍니다. 언제나 어린이들과 강아지들과 함께하는 나는, 이 책이 어린이들의 행복하고 안전한 생활의 든든한 친구이자 선생님이 되길 소망합니다.

햇살 눈부신 아침,
일산 흰돌마을에서

노경실

 차례

머리말 4

기차와 지하철 직업 안전
삼촌은 철도 회사에 다녀요! 9

공장과 작업장 직업 안전
우리 아빠가 자랑스러워요! 22

배와 비행기 직업 안전
하늘길도, 뱃길도 안전하고 즐겁게! **34**

택배 운송과 물류 창고 직업 안전
급할수록 천천히! 안전하게! **48**

산업 재해 안전
안전사고 미리 준비하고 대비해요! **60**

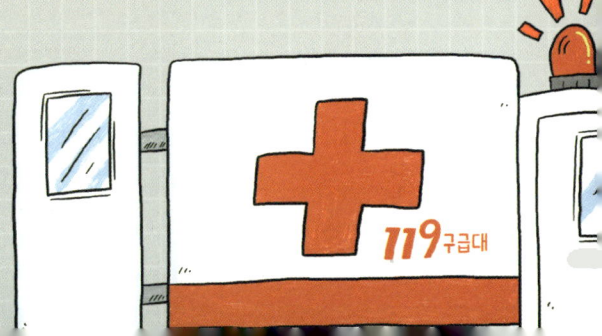

기차와 지하철 직업 안전

삼촌은 철도 회사에 다녀요!

 오늘은 은숙이랑 은국이가 오랜만에 삼촌을 만나는 날입니다. 철도 회사에 취직해서 첫 월급을 받은 삼촌이 기차 구경도 시켜 주고 맛있는 음식을 사 준다고 했거든요. 삼촌은 기차가 안전한지 살피고 선로를 고치는 일을 합니다.
"은숙아, 동생 잘 데리고 다녀야 해."
"은국이는 누나 말 잘 듣고."
엄마와 아빠는 걱정스런 마음에 계속 주의를 주었습니다.
"다녀오겠습니다!"
은숙이와 은국이는 인사를 하고 집을 나섰습니다. 삼촌에게 가려면 지하철을 타야 합니다.

"은국아, 또 그걸 들고 왔어?"

"당연하지. 내가 제일 좋아하는 거잖아."

은국이는 유명한 캐릭터로 만든 작은 로봇 인형을 손에 꼭 쥐고 있었습니다.

"이제 유치원생도 아니잖아……."

"내 맘이야!"

두 아이는 티격태격하며 지하철역 안으로 들어왔습니다. 지하철을 기다리며 의자에 앉으려는데 갑자기 어디선가 비명소리가 들렸습니다.

"무슨 일이지?"

은숙이와 은국이는 사람들이 모인 곳으로 다가갔습니다.

"더 힘을 냅시다!"

"자, 조금만 더!"

지하철 스크린 도어를 점검하던 직원의 다리가 문에 끼인 것입니다. 은숙이가 가만 보니 삼촌 또래처럼 보였습니다.

"자, 다들 좀 더 힘을 냅시다! 우리가 함께 힘을 모으면 해결

할 수 있어요!"

몇몇 어른들이 힘을 다해 스크린 도어를 열었습니다. 다행히 가까스로 문이 열렸습니다.

"하마터면 큰일 날 뻔했네요. 두 사람이 한 조가 돼서 일하는 게 안전해요. 그런데 어쩌다 혼자 일했나요?"

걱정스러운 얼굴로 지켜보던 아주머니가 물었습니다.

"같이 일하는 직원이 갑자기 일이 생겨서요……."

"조심하세요. 오늘은 이만하길 정말 다행이에요."

사람들에게 힘을 내라고 소리쳤던 아저씨가 말했습니다.

"네, 고맙습니다……."

직원은 몇 번이나 고개를 숙이며 감사의 인사를 했습니다.

"누나, 지하철 고치는 것도 안전이 중요하네. 그냥 재밌을 것만 같았는데……."

은국이가 놀란 눈으로 말했습니다.

"나도 오늘 알았어."

은숙이와 은국이는 함께 지하철을 탔습니다. 더욱더 삼촌 생각이 났습니다.

"누나, 우리 삼촌은 안전하게 일하겠지?"

"응, 당연하지."

잠시 후, 삼촌이 기다리고 있는 역에 도착했습니다.

"은숙아! 은국아!"

삼촌이 활짝 웃으며 손을 흔들었습니다.

"삼촌!"

은숙이와 은국이는 삼촌을 향해 달려갔습니다.

삼촌과 맛있는 점심을 먹고 기차 역사를 이곳저곳 구경했습니다. 마치 기차 박물관에 온 것처럼 신기한 것들이 많았습니다. 은숙이와 은국이의 얼굴에 호기심이 가득했습니다.

"삼촌! 삼촌이 일하는 모습 구경하고 싶어요."

과학자가 꿈인 은국이가 말했습니다.

"좋아, 대신 삼촌 말을 잘 들어야 해. 위험할 수 있거든."

"왜요?"

"삼촌이 하는 일은 안전을 가장 중요하게 여기는 곳이야."

"알았어요!"

"자, 제일 먼저 안전 모자부터 쓰자."

삼촌이 안전 모자를 건넸습니다. 그리고 기차 시간표를 살폈습니다.

"언제 기차가 들어오고 출발하는지 확인하는 것도 중요한 안전 작업 중 하나야."

은숙이와 은국이는 삼촌을 따라 기차역으로 갔습니다. 기차 선로는 길 아래쪽에 있었습니다.

"삼촌, 기차역에서 언제 사고가 일어나요?"

은숙이가 주변을 살피며 물었습니다.

"방심하는 순간 언제든 안전사고는 일어날 수 있어."

그때였습니다. 은국이가 고함을 질렀습니다.

"앗, 내 로봇!"

로봇 인형이 철로로 떨어진 것입니다.

"에잇!"

은국이가 철로를 향해 뛰려고 했습니다.

"안 돼, 은국아! 위험해!"

삼촌이 소리치며 은국이의 뒷덜미를 잡았습니다.

"으앙!"

놀란 은국이가 주저앉아 울었습니다. 은숙이도 너무 놀라 다리가 후들후들 떨렸습니다.

삼촌은 은국이를 업고 은숙이와 함께 사무실로 돌아갔습니다. 그제야 은국이는 울음을 그쳤습니다.

"애들아, 이렇게 순식간에 안전사고가 일어날 수 있어. 철로에 떨어뜨린 걸 주우려고 하거나, 급한 마음에 철로를 가로질러 가려다 사고가 일어나기도 하거든."

삼촌은 은국이에게 시원한 물을 주었습니다.

"삼촌, 나는 기차만 타면 신나고 즐거웠거든요. 기차에서 이렇게 사고가 날 수 있다는 걸 상상도 하지 못했어요."

은숙이가 떨리는 목소리로 말했습니다. 그리고 삼촌에게 오늘 지하철에서 본 이야기도 전했습니다.

"그래, 기차나 지하철은 편리한 교통수단이지만 안전을 지키지 않으면 사고는 언제든 일어날 수 있어."

"삼촌, 잘못했어요……."

은국이가 얼굴에 남아 있는 눈물을 닦으며 말했습니다.

"여기서 잠깐 기다려. 삼촌이 인형 찾아올게. 아직 기차가 들어오려면 시간이 좀 남았거든."

삼촌은 급히 사무실 밖으로 나갔습니다.

그러자 은숙이가 은국이에게 알밤을 주며 말했습니다.

"아얏! 왜 때려!"

"너 학교에서 안전 교육 배웠다면서? 그 시간에 졸거나 떠든 거 아냐?"

은국이는 아무 말도 하지 못했습니다. 생각해 보니 선생님이 열심히 설명해 주셨던 안전 교육을 듣는 둥 마는 둥 했었거든요. 은국이는 앞으로 안전 교육을 열심히 새겨듣기로 다짐했습니다. 어른이 되면 철도 회사에서 일하는 삼촌처럼 멋진 일을 하는 게 꿈이거든요.

안전이 최고야!

🌱 문제를 잘 보고 알맞은 곳에 스티커를 붙여 보세요.

1 지하철을 탈 때, 문이 닫히려고 하면 어떻게 해야 할까요?

㉮ 다음 지하철을 기다려요. ㉯ 빨리 뛰어가서 잽싸게 타요.

2 친구들이 스크린 도어에 기대어 장난을 치면 어떻게 하나요?

㉮ 같이 기대서 재미있게 놀아요. ㉯ "안 돼! 위험해!"라고 알려 줘요.

3 기차에서 덥고 답답하면 어떻게 해야 할까요?

㉮ 연결 칸으로 가서 문을 열고 시원한 바람을 쐐요. ㉯ 부모님이나 승무원에게 부탁해요.

4 아끼는 물건이 철로에 떨어지면 어떻게 해야 할까요?

가 소중한 물건이니까 내려가서 주워 와요.

나 역무원이나 승무원에게 도움을 청해요.

5 기차나 지하철 수리나 점검을 할 때 중요한 건 무엇일까요?

가 무조건 빨리하는 게 중요해요.

나 안전 모자와 복장을 갖춰 입어요.

 노경실 선생님의 '기차와 지하철 직업 안전' 이야기

우리가 자주 이용하는 기차나 지하철은 언제나 여러 가지 사고가 일어날 수 있는 곳이에요. 주의하지 않으면 아주 큰 사고로 번질 수도 있지요. 역무원이나 승무원 등 많은 분들 덕분에 우리가 편리하고 안전하게 기차와 지하철을 이용할 수 있답니다. 늘 감사하는 마음을 가지고, 기차나 지하철을 탈 때는 부모님이나 선생님 말씀에 귀를 기울이는 것도 잊지 마세요!

정답 **1** 가, 아니 / **2** 가, 나 / **3** 가, 나 / **4** 가, 나 / **5** 가, 나

공장과 작업장 직업 안전

우리 아빠가 자랑스러워요!

"엄마나 아빠, 친척 어른들이 일하시는 곳에 가서 직업 체험을 하고 오세요."

민기네 담임 선생님은 오늘 재미있는 숙제를 내주었습니다.

"그냥 구경만 하고 오나요?"

민기가 번쩍 손을 들었습니다.

"구경도 하고 사진도 찍고, 그곳에서는 어떤 안전이 필요한지 조사해 오는 거예요."

"선생님, 친구랑 같이 가도 되나요?"

수경이가 걱정 가득한 얼굴로 물었습니다. 부모님이 모두 외국에 일하러 가서 할머니와 언니하고 살기 때문에 갈 곳이 없었거든요.

"그럼요. 친구랑 같이 가도 되지요."

선생님의 말에 수경이의 얼굴이 금방 환해졌습니다.

'민기에게 같이 가자고 해야지.'

수경이와 민기는 유치원 때부터 친한 친구입니다.

그날 저녁, 민기는 퇴근하고 집에 온 아빠에게 숙제 이야기를 했습니다.

"그래? 아빠가 일하는 곳은 가구를 만드는 공장이라 안전사고에 정말 많이 신경을 쓰지. 이번 주 토요일에 아빠 회사에 같이 가자."

요즘 아빠 회사가 바빠서 토요일에도 교대로 일을 하거든요.

토요일 아침 식사를 하고 민기와 수경이는 아빠 차를 타고 가구를 만드는 공장으로 출발했습니다.

체육관보다 큰 공장은 책상과 의자들을 만드느라 많은 기계가 쉬지 않고 작동되고 있었습니다. 일하는 분들도 많이 보였습니다.

"아빠, 책상이랑 의자는 나무로만 만드는 줄 알았는데 철이랑 플라스틱도 있네요?"

민기는 기자처럼 수첩에 적으며 물었습니다.

"그럼! 집에 가면 네 책상과 의자를 다시 살펴봐. 나무만으로 만들지 않았다는 걸 알게 될 거야."

민기는 초등학교 입학 기념으로 이모가 사 준 책상과 의자를 날마다 사용하면서도 전혀 모르고 있었습니다.

"아저씨, 기계들이 사람보다 일을 더 많이 하는 것 같아요."

수경이가 휴대폰으로 기계들을 찍으며 물었습니다.

"그래서 더욱더 안전에 주의해야 한단다."

그때, 갑자기 "삐, 삐삐, 삐이이이이!" 하는 경고음이 요란하게 울렸습니다.

"아빠, 이게 무슨 소리예요?"

"아저씨, 너무 무서워요!"

민기랑 수경이가 겁에 질린 얼굴로 물었습니다. 민기 아빠가 급히 소리 나는 기계를 향해 뛰어갔습니다.

직원 아저씨가 기계로 나무를 자르는데 실수로 손이 기계에

닿을 뻔한 순간 기계가 경고음을 울린 것입니다. 직원 아저씨도 얼마나 놀랐는지 얼굴이 하얗게 질려 있었습니다.

"괜찮으세요?"

민기 아빠가 걱정스러운 얼굴로 물었습니다.

"괜……괜찮습니다. 잠시 다른 생각을 하다가 그만……."

"아무 일 없어서 다행이에요. 나가서 잠시 찬바람 좀 쐬고 오세요."

직원 아저씨는 얼른 공장 밖으로 나갔습니다.

민기와 수경이는 멀찌감치 서서 떨리는 마음으로 바라보았습니다.

"공장이나 작업장에서는 몸도 조심해야 하지만 생각도 조심해야 한단다. 기계 앞에서는 몇 초라도 다른 생각을 하다가 큰 사고가 날 수 있거든."

그때, 안전 모자를 쓰고 노란 안전 조끼를 입은 아저씨가 다가왔습니다. 아저씨는 민기 아빠에게 안전 모자와 안전 조끼를 건네주었습니다.

"이 부장님, 아이들에게도 안전 모자와 안전 조끼를 입혀 주세요."

"아이고, 내가 깜빡했습니다. 고맙습니다. 가장 중요한 것을 잊었네요."

아빠는 미안해서 어쩔 줄 몰라 했습니다.

"자, 안전 모자와 조끼를 입고 마스크도 써야 한다. 나무랑 철, 플라스틱을 책상과 의자로 새롭게 만들 때 많은 먼지가 나오거든."

민기와 수경이는 먼지를 막는 마스크와 안전 모자를 쓰고, 안전 조끼도 입었습니다.

"우리 공장에는 이렇게 학생들과 부모님들이 함께 견학을 오는 경우가 종종 있단다. 오늘 아빠 말씀 잘 듣고 견학 잘 하고 가렴. 미리 배우고 대비하면 안전사고를 막을 수 있거든."

"고맙습니다."

민기와 수경이가 아저씨에게 감사 인사를 했습니다.

아빠는 아이들을 데리고 2층으로 올라갔습니다. 2층은 베란다처럼 되어 있어서 아래가 훤하게 보였습니다. 아빠는 손가락으로 커다란 기계 옆을 가리켰습니다.

"애들아, 저기 영어로 'DANGER(위험), WARNING(경고)'이라고 써 있는 커다란 둥근 통 보이니?"
"네, 저게 뭐예요?"
수경이가 물었습니다.

"화학 약품이란다. 나무, 철, 플라스틱을 가공할 때 사용하는 약품이지. 사람들이 책상과 의자를 사용할 때 몸에 나쁜 병이 생기지 않게 하는 거야."
"나쁜 병이 생기지 않게 하는 건데 왜 위험하다는 거예요?"

"하하, 민기야. 네가 축구하다 상처가 생기면 연고를 바르지. 그렇다고 그 연고를 먹으면 몸에 좋을까?"

"아니요."

"그런 것과 같은 이유지."

민기 아빠의 말에 두 아이는 고개를 크게 끄덕였습니다.

그때, 아빠가 아래층을 향해 소리쳤습니다.

"김 대리, 쓰레기부터 치우세요. 쓰레기는 절대 쌓아두지 마세요!"

"알겠습니다! 부장님!"

직원 아저씨는 얼른 나무와 종이, 플라스틱 쓰레기들을 치우기 시작했습니다.

민기는 아빠의 잔소리가 심한 것 같아 물어보았습니다.

"아빠도 회사 오면 잔소리를 해요?"

"그게 아니란다. 공장이나 작업장에서는 쓰레기가 안전사고의 원인이 될 수 있거든. 불이 날 수도 있고, 기계에 들어가서 기계를 망가뜨리기도 하지. 저번에는 일하던 직원이 급하게 뛰어가다 나무랑 플라스틱 쓰레기에 발이 걸려 넘어지는

바람에 큰 부상을 당하기도 했단다."

"아, 그 생각은 하지 못했어요."

민기가 머리를 긁적이며 멋쩍게 웃었습니다.

민기는 집으로 돌아가는 차 안에서 별말이 없었습니다. 아빠가 날마다 이렇게 위험한 작업장에서 일하는 것을 처음 알았거든요. 아빠가 더욱더 대단하고 자랑스럽게 느껴졌습니다.

'앞으로 아빠 말을 잘 들을 거야.'

민기는 새로운 결심을 했습니다. 옆에 있던 수경이도 외국에서 일하는 엄마, 아빠를 떠올리며 마음속으로 말했습니다.

'엄마, 아빠! 사랑해요!'

안전이 최고야!

🌱 문제를 잘 보고 알맞은 곳에 스티커를 붙여 보세요.

1 공장에 견학을 가면 제일 먼저 무엇을 해야 할까요?

㉮ 모자, 마스크 등 안전 복장부터 갖춰요.

㉯ 공장 구석구석을 다니며 즐겁게 구경해요.

2 작업장에서 장난치는 친구를 보면 어떻게 해야 할까요?

㉮ 같이 장난치며 신나게 놀아요.

㉯ 작업장은 일하는 곳이니 차분하게 행동해요.

3 작업장의 쓰레기는 어떻게 하는 게 좋을까요?

㉮ 얼른 치워서 안전사고에 대비해요.

㉯ 쓰레기는 쌓아 두었다가 나중에 치워요.

4 공장에서 처음 보는 신기한 기계가 있다면 어떻게 해야 할까요?

㉮ 가까이 가서 여기저기 만져 보아요.

㉯ 절대 기계 근처에 함부로 가지 않아요.

5 위험, 경고, 주의 등의 표시를 영어로도 알아두어야 할까요?

㉮ 어린이들은 몰라도 괜찮아요.

㉯ 위험 표시는 영어로도 알아두는 게 좋아요.

 노경실 선생님의 '공장과 작업장 직업 안전' 이야기

　우리가 일상에서 사용하는 다양한 물건들을 만들어 내는 곳을 공장 또는 작업장이라고 해요. 많은 직원들이 일하는 만큼 큰 사고가 일어나지 않도록 특히 안전에 유의해야 하지요. 세상에는 다양한 직업과 직장이 있어요. 안전을 잘 지켜서 안전사고가 일어나지 않는 곳이 좋은 직장이지요. 크고 작은 기계, 다양한 화학 약품들을 사용하여 일하는 공장과 작업장은 안전이 생명처럼 중요한 곳이랍니다.

정답 ① 나 찾기 / ② 나 찾기 / ③ 가 찾기 / ④ 나 찾기 / ⑤ 나 찾기

배와 비행기 직업 안전

하늘길도, 뱃길도 안전하고 즐겁게!

"세라야, 너는 추석 때 어디 가? 나는 외갓집에 가는데 섬이라서 배 타고 간다!"

오랜만에 여객선을 타는 정희가 한껏 들떠 자랑을 했습니다.

"우리는 비행기 타고 베트남에 가. 거기 가면 고모네랑 할머니가 계시거든."

"와! 재밌다. 나는 배 타고 가고, 너는 비행기 타고 가네. 우리 갔다 와서 서로 얘기해 주자."

"좋아! 정희야, 너도 잘 갔다 와."

세라와 정희는 기분 좋은 약속을 했습니다.

며칠 뒤, 정희네 가족은 커다란 여객선을 탔습니다. 배 안의 빈자리가 거의 없을 정도로 사람들이 많았습니다.

"외할아버지랑 외할머니를 빨리 만나면 좋겠어요! 배는 참 신기해요. 물 위를 자동차처럼 달리니까요."

정희가 창밖의 물결을 보며 말했습니다.

섬에 사는 외할머니와 외할아버지는 명절이 되면 늘 정희네 집으로 왔습니다. 그런데 외할아버지 몸이 많이 약해져서 올해부터는 정희네가 외갓집으로 가는 거지요. 배로 1시간 반 정도면 외할아버지와 외할머니가 계시는 섬에 도착합니다.

배가 출발하기 전에 승무원이 앞에 나와 친절히 설명을 해주었습니다.

"여러분의 의자 밑에 구명조끼가 있습니다. 조금 불편하시더라도 꼭 입어 주시기 바랍니다. 어린이용은 제가 직접 갖다 드릴게요."

정희와 오빠 정민이는 손을 번쩍 들었습니다.

승무원은 구명조끼를 입는 방법을 차근차근 알려 주었습니다.

"승객 여러분, 구명조끼에 있는 라이트에 불이 들어오는지

확인해 주시기 바랍니다."

정희는 옆에 앉은 엄마를 따라 라이트를 켰습니다. 그런데 엄마 것은 불이 들어오지 않았습니다. 정희는 다시 손을 들었습니다.

"우리 엄마 구명조끼는 라이트가 고장난 것 같아요!"

승무원은 확인하고 엄마의 구명조끼를 다른 것으로 바꾸어 주었습니다.

"이 라이트는 물이 닿는 순간 불이 들어오기 때문에 어두운 밤에 안전사고가 났을 경우 큰 도움이 됩니다."

정희는 라이트를 여러 번 켰다 껐다 해 보았습니다.

승무원은 그밖에도 비상구가 어디 있는지, 배 안에서 주의해

야 할 점 등 안전에 관한 여러 설명을 해주었습니다. 승무원의 안내가 모두 끝난 뒤에야 배가 출발했습니다. 배가 출발하고 30분 정도 지나자 정민이와 정희는 심심해졌습니다. 호기심에 선실 밖으로 나왔습니다. 엄마도 따라나섰습니다.

그런데 첫 번째 문을 여는 순간, 정민이가 '으악!' 소리를 지르며 넘어졌습니다. 엄마도 깜짝 놀라 비명을 질렀지요. 남자 승무원이 급히 달려왔습니다.

"다친 데는 없나요? 배는 출입문마다 문턱이 있어서 잘 보지 않으면 넘어질 수 있어요. 그리고 문을 열다가 바람이 갑자기 불면 문이 세게 닫혀서 손가락을 다칠 수도 있지요. 한 어린이가 손을 다쳐 응급 치료를 받은 적도 있답니다."

"승무원 아저씨도 다친 적 있나요?"

정민이가 아픈 무릎을 만지작거리며 물었습니다.

"그럼요. 아무리 승무원이나 선장이라고 해도 안전사고는 누구든 일어날 수 있기 때문에 조심해야 해요. 갑판으로 갈 거면 구명조끼를 챙겨 입고 저를 따라오세요."

엄마와 두 아이는 승무원과 함께 갑판으로 나왔습니다. 그런

데 두 명의 남자아이들이 갑판에 있는 난간을 오르락내리락하며 장난을 치고 있었습니다. 한 아이는 구명조끼도 입지 않은 상태였습니다. 승무원은 아이들이 놀라지 않게 천천히 다가가 주의를 주고, 조심히 난간에서 내려오게 했습니다.

"가끔 저렇게 위험한 장난을 치다가 바다에 빠지는 사고가 나기도 해요."

"정말요? 그럴 땐 어떡해요?"

정희가 눈을 크게 뜨며 물었습니다.

"즉시 안전 요원들이 바다에 뛰어 들어가서 구조하지요. 이런 사고는 언제든 일어날 수 있기 때문에 직원들은 늘 긴장하며 대비하고 있어요."

"와, 정말 위험하네요."

정민이가 고개를 절레절레 흔들었습니다. 그때, 바람이 세게 불더니 배가 점점 흔들리기 시작했습니다. 배 안에 안내 방송이 나왔습니다.

"승객 여러분, 모두 자리에 앉아 안전벨트를 매 주시기 바랍니다. 자리로 이동하시는 승객들께서는 넘어지지 않도록 난간을 잡고 천천히 내려가시기를 부탁드립니다."

정희네 식구도 모두 제자리로 돌아가 안전벨트를 맸습니다. 자리에 앉아 승무원의 안내에 따라 긴급 상황에서의 행동 요령을 귀 기울여 들었습니다. 다시 한번 비상구를 확인하고, 구명조끼를 잘 입었는지도 확인했습니다. 잠시 후, 다행히 바람이 잔잔해졌고 정희네 식구는 안전하게 외갓집이 있는 섬에 도착했습니다. 정희는 각자 맡은 일을 열심히 하는 승무원들을 떠올렸습니다.

'배 안에서 일어나는 안전사고 방지를 위해 애쓰는 고마운 분들이야. 세라한테 꼭 얘기해 줘야지.'

그 시간, 세라는 부모님과 함께 비행기 안에 있었습니다. 세라네 고모부와 고모가 베트남에서 사업을 해 할머니도 그곳에 같이 살고 있습니다. 비행기 좌석에 앉은 세라네 가족은 안전벨트부터 맸습니다.

"세라야, 네 꿈이 비행기 승무원이지?"

"맞아요!"

"그럼 이 문제를 한번 맞혀 봐. 비행기 사고의 80퍼센트는 언제 일어날까?"

"음……비행기가 높이 날 때, 그리고 비바람이 심할 때요."

"아쉽지만 땡! 비행기가 이륙하기 3분 전, 그리고 착륙하기 8분 전이야."

"왜요?"

"그 시간이 비행할 때 가장 중요한 순간이고, 사람들이 '이제 됐구나!' 하고 안전사고에 신경을 안 쓰고 방심하기 때문이야."

그때, 승무원이 앞에 서서 비상구가 어디 있는지 알려 주었습니다.

"아빠, 비행기에 왜 비상구가 필요해요?"

"불이 나거나 여러 가지 돌발 사고에 대비해서란다."

"와, 그럼 승무원은 비행기 안에서 소방관도 되고 경찰관도 될 수 있겠네요."

"비행기 안에서 승객은 승무원의 안내에 잘 따라야 해. 그래서 승무원들은 안전 교육을 철저히 받는단다."

아빠의 말에 세라는 고개를 끄덕였습니다. 그리고 안전벨트도 단단히 맸습니다. 승무원 안내에 따라 비상시에 사용하는 산소마스크 사용법을 배우고, 비행기가 바다에 떨어질 경우 사용하는 구명조끼가 어디에 있는지도 알아두었습니다.

잠시 뒤, 비행기가 하늘 높이 날아올랐습니다. 세라는 비행기 안에서 책도 보고, 영화도 보면서 시간을 보냈습니다. 몇 시간 후, 비행기가 베트남에 도착할 예정이라는 안내 방송이 나왔습니다. 그런데 어떤 아저씨가 안전벨트를 풀고 자리에서 일어났습니다.

"안 됩니다. 안내 방송이 나올 때까지 안전벨트를 매고 자리에 앉아 주세요."

승무원이 몇 번이나 말했지만 아저씨는 고집을 부렸습니다.

"가방에서 물건을 꺼내야 해요!"

"위험합니다. 안전사고가 일어날 수 있어요."

하지만 아저씨는 말리는 승무원을 무시하고 선반 문을 열었습니다. 그때 비행기가 심하게 흔들리며 선반 안에 있던 가방과 물건들이 사람들 머리와 어깨 위로 쏟아졌습니다.

"으악! 내 머리!"

"악, 사람 살려!"

어느 아주머니와 청년은 이마를 다쳐 피가 흘렀습니다. 한 어린이는 놀란 나머지 큰 소리로 울었습니다. 그리고 떨어진 물건들이 기내 바닥 여기저기에 흩어졌습니다. 승무원들은 다친 사람들을 돌보고, 우는 아이를 달래고, 바닥에 떨어진 물건들을 주웠습니다.

그 모습을 보며 세라는 두 가지 생각이 들었습니다. '나는 저렇게 부끄러운 어른이 되지 말아야지!'라는 것과 '승무원들처럼 멋진 직업을 가져야지!'라는 것입니다. 세라는 비행기에서 내리며 승무원 분들에게 감사의 인사를 했습니다.

"고맙습니다, 안녕히 계세요!"

안전이 최고야!

🌱 문제를 잘 보고 알맞은 곳에 스티커를 붙여 보세요.

1 배를 탔을 때, 비바람이 불면 어떻게 해야 할까요?

㉮ 위험할 수 있으니 선실 밖으로 나가지 않아요.

㉯ 배가 흔들리면 재미있으니 밖으로 나가서 놀아요.

2 갑판에 갈매기들이 모여들면 어떻게 해야 할까요?

㉮ 난간에 올라가 먹을 것을 주어요.

㉯ 반갑게 손을 흔들어요.

3 배 안의 '출입 통제 구역'은 어떤 곳인가요?

㉮ 남몰래 들어가서 구경하는 곳이에요.

㉯ 함부로 들어가면 절대 안 돼요.

4 비행기에서 구명조끼가 꼭 필요할까요?

㉮ 비행기에서는 필요 없어요.

㉯ 비행기에서 꼭 필요한 안전장치예요.

5 비행기에서 산소마스크 사용법을 모르면 어떻게 해야 할까요?

㉮ 창피하니까 대충 사용해요.

㉯ 확실히 물어보고 사용법을 익혀요.

노경실 선생님의 '배와 비행기 직업 안전' 이야기

배를 타고 바다를, 비행기를 타고 푸른 하늘을 날아가는 여행은 즐겁지요. 그러나 즐거운 여행을 하려면 안전에 대해 잘 알아두어야 해요. 가장 좋은 방법은 안전 요원이나 승무원들의 안전 교육을 잘 듣는 것이랍니다. 만약 안전 도구의 사용법을 모르거나, 비상구가 어디 있는지 잊었다면 몇 번이라도 물어 확실하게 아는 것이 중요해요. 배와 비행기 안전사고는 큰 사고로 이어질 수 있으므로 나부터 안전을 지키는 것이 모든 사람의 안전을 지키는 것입니다.

택배 운송과 물류 창고 직업 안전

급할수록 천천히! 안전하게!

진우 엄마는 물류 창고에서 물건들을 정리하는 일을 합니다.

"엄마, 힘들지 않아요?"

"힘들기는! 열심히 일할 수 있고, 돈을 벌어서 살림에 보태니까 기분도 좋고 운동도 되잖아."

진우가 물어볼 때마다 엄마는 늘 같은 대답입니다. 아빠는 저녁마다 엄마의 어깨를 주물러 주고 설거지도 대신합니다.

요즘 진우는 엄마 말을 더 잘 듣습니다. 엄마가 첫 월급을 타면 새 자전거를 사 준다고 약속했기 때문입니다. 진우는 2년 전에 친척 형이 타던 자전거를 물려받았습니다. 그런데 너무

오래된 데다 진우의 키에도 맞지 않아 불편했습니다.

토요일 아침, 아빠가 진우 방에 살그머니 들어와서 말했습니다.

"진우야, 오늘 아빠는 쉬는데 엄마는 일하러 가거든. 우리 점심에 도시락이랑 커피 가지고 엄마 일하는 데 가자."

"엄마한테 깜짝 선물하자는 거죠?"

"그래!"

진우와 아빠는 스마트폰으로 요리 방법을 찾아가며 엄마가 좋아하는 음식을 만들어 도시락을 준비했습니다. 아빠는 정성 들여 내린 커피도 보온병에 담았습니다.

엄마 회사에 도착한 아빠와 진우가 구내식당 근처에 서서 엄마를 기다렸습니다.

"엄마!"

몰래 숨어 있던 진우가 식당으로 가는 엄마를 불렀습니다.

엄마는 너무 놀라 잠깐 아무 말도 못 하고 서 있다가 금방 활짝 웃었습니다. 옆에 있던 엄마 회사 직원들이 부러운 눈길로 바라보았습니다.

진우 가족은 시원한 나무 그늘 아래 돗자리를 펴고 맛있는 점심 식사를 했습니다.

"엄마, 물건 정리하는 일인데도 마스크를 써요?"

"그럼! 안전 모자도 써야 해. 창고에서 일할 때도 안전 모자는 필수야."

"엄마가 일하는 창고 구경을 하고 싶어요."

진우가 졸랐습니다.

"창고에는 커다란 상자들만 있어서 구경할 게 별로 없는데……그리고 직원 외에 다른 사람은 들어갈 수가 없어."

"그럼 근처에만 가 볼게요."

"그래, 우리 다같이 가 보자."

세 사람은 진우네 학교 운동장보다 더 커 보이는 창고를 향해 걸었습니다. 그런데 창고 안에서 사람들이 황급히 뛰어나왔습니다.

"무슨 일이에요?"

엄마가 놀란 얼굴로 물었습니다.

"쌓아 둔 상자들이 한꺼번에 무너지면서 사람이 다쳤어요."

곧 119 구조대가 도착했습니다. 창고에서 두 사람이 부축을 받으며 나오는데 한 사람은 머리에 피를 흘리고 있었습니다.

"이런, 저 직원은 안전 모자를 쓰지 않았나 보다."

엄마가 안타까운 얼굴로 말했습니다. 옆에 있던 진우가 걱정스런 얼굴로 엄마에게 말했습니다.

"엄마! 엄마는 안전 모자 꼭 써야 해요!"

아빠도 한 마디 거들었습니다.

"진우 말이 맞아. 특히 높이 쌓은 물건들 옆을 지날 때는 늘

조심해요."

진우는 오늘 엄마가 일하는 곳에 오길 정말 잘했다고 생각했습니다. 그리고 엄마를 더 사랑하겠다고 결심했습니다.

다음날, 진우 가족이 아침을 먹으려는데 엄마랑 제일 친한 해경이네 엄마에게서 전화가 왔습니다. 해경이는 진우랑도 친하게 지내는 사이입니다. 통화를 마치자 아빠가 물었습니다.

"아침부터 무슨 일이야?"

"해경이 아빠가 택배 일을 하잖아요. 그런데 어제 큰 사고가 날 뻔했대요."

"무슨 일인데요?"

진우가 자기도 모르게 큰 소리로 물었습니다.

"빨리 배달을 하려고 급하게 가다가 앞차랑 부딪힐 뻔했대. 만약 해경이 아빠 트럭이 10센티미터만 더 앞으로 갔어도 큰 사고가 났을 거래. 그런데 그것만이 아니야."

"또 있어요?"

"응, 크고 무거운 상자를 들고 계단을 올라가다가 뛰어내려 오는 아이랑 부딪혔대. 다행히 아이도 해경이 아빠도 괜찮았나 봐. 만약 계단에서 넘어지기라도 했으면……."

엄마는 눈을 감고 고개를 흔들었습니다.

"정말 다행이네."

아빠가 심각한 얼굴로 말했습니다.

"엄마, 나는 택배 일이 재밌고 쉬운 줄 알았어요."

"그렇지 않아. 물건을 빨리 전해야 하니까 조심하지 않으면 안전사고가 일어나기 쉬워."

아빠도 한마디 거들었습니다.

"그리고 자기 몸보다 크고 무거운 상자들을 운반하니까 넘어지거나 다칠 수도 있어. 그래서 항상 안전사고에 대비해야 하는 거야."

진우는 택배 일이 얼마나 안전에 조심해야 하는 직업인지 알게 되었습니다. 그리고 안전하게 물건을 배달해 주시는 기사님들에게 고마운 마음이 들었습니다.

"엄마, 아빠! 요즘 택배 일을 하는 사람들이 많아지고 있다는 뉴스를 본 적이 있어요. 그분들 모두 안전사고에 대해 미리 배우면 좋겠네요."

"그래, 네가 학교에서 안전 교육을 받는 것처럼 안전은 많이 아는 만큼 일상생활에 도움이 된단다."

"엄마, 아빠! 제 걱정은 마세요. 전 항상 안전사고에 대비하고 있거든요."

"역시 우리 진우가 최고다!"

아빠가 엄지손가락을 들어 보이며 웃었습니다.

"우리 가족은 안전 가족이니까 기념사진 한 장 어때요?"

진우네 가족은 활짝 웃으며 카메라를 바라보았습니다.

"자, 찍을게요. 스마일~"

안전이 최고야!

🌱 문제를 잘 보고 알맞은 곳에 스티커를 붙여 보세요.

1 물류 창고에서 주의할 점은 무엇일까요?

㉮ 상자를 피해 최대한 빨리 안으로 뛰어들어 가요.

㉯ 안전 모자와 마스크를 꼭 써야 해요.

2 높은 곳에 있는 상자를 어떻게 내리는 게 좋을까요?

㉮ 안전하게 물건을 내리는 기계를 사용해요.

㉯ 아무리 높은 곳도 사다리만 있으면 돼요.

3 소화전 앞에 짐을 쌓아 둬도 될까요?

㉮ 공간이 좁으면 짐을 쌓아 둬도 괜찮아요.

㉯ 안전사고를 위해 소화전 앞은 항상 비워 둬요.

4 택배 배송을 할 때, 주의해야 할 점은 무엇일까요?

㉮ 한번에 너무 많은 물건을 들지 않아요.

㉯ 무조건 물건은 최대한 많이 들고 옮겨요.

5 택배 차를 운전할 때는 무엇을 조심해야 할까요?

㉮ 혹시 물건이 떨어졌는지 문이 잘 닫혔는지 확인해요.

㉯ 배송은 시간이 중요하니까 무조건 빨리 달려요.

 노경실 선생님의 '택배 운송과 물류 창고 직업 안전' 이야기

요즘은 인터넷을 통해 물건을 주문하는 사람들이 많아요. 그만큼 택배 회사도 많고, 택배로 보낼 각종 물건들을 쌓아 두는 커다란 물류 창고도 곳곳에 세워지고 있지요. 크고 무거운 물건들을 천장까지 쌓아 두는 물류 창고나 쉴 새 없이 물건을 나르는 택배 현장은 안전사고가 많이 일어나는 곳이에요. 우리 생활과 연결된 다양한 현장에서 어떤 안전 요령이 필요한지 알아두는 것도 중요한 안전 교육 중 하나랍니다.

산업 재해 안전

다양한 안전사고 미리 대비해요!

미옥이가 아침부터 옷장을 뒤지며 분주하게 움직였습니다.

"엄마, 내 핑크 원피스 어딨어요?"

"너무 서두르지 말고 옷장에 있으니 잘 찾아봐."

미옥이의 마음이 급한 데는 다 이유가 있습니다. 오늘은 학부모 수업의 날인데 이번 달 학부모 선생님이 미옥이 이모부거든요. 이모부는 산업 재해를 연구하는 박사님입니다. 오늘 학교에 와서 '산업 재해 예방'에 대한 이야기를 들려주기로 했습니다.

"미옥아, 이모부 만나면 감사 인사 꼭 하고, 수업 잘 듣고."

"네, 걱정 마세요!"

미옥이는 벌써 신이 났습니다. 며칠 전부터 친구들에게 이모부 자랑을 했거든요. 핑크 원피스를 예쁘게 차려입은 미옥이가 설레는 마음으로 학교로 출발했습니다.

드디어 학부모 수업이 시작되었습니다. 미옥이의 이모부가 교실로 들어왔습니다.

"여러분, 안전 보건 공단에서 일하시는 최현호 박사님을 소개합니다."

선생님의 말에 아이들은 큰 박수를 쳤습니다.

"아저씨, 안전 보건 공단이 어떤 곳이에요?"

동식이의 말에 아이들이 웃었습니다.

"동식아, 박사님이나 선생님이라고 해야지."

선생님이 동식이를 보며 말했습니다.

"하하! 동식이가 호기심이 많네요. 안전 보건 공단의 정확한 명칭은 '한국 산업 안전 보건 공단'이에요. 쉽게 말해 산업 재해가 일어나는 것을 예방하고, 안전 교육을 하는 곳이지요."

"와! 뭔가 멋진 일을 하는 곳 같아요!"

연우가 기대에 찬 얼굴로 말했습니다.

"자, 그럼 수업을 시작해 볼까요? 먼저 여러분의 직업 안전 실력이 어느 정도 되는지 문제를 한번 내볼게요."

"박사님! 문제를 잘 풀면 상도 주나요?"

"당연하죠!"

박사님은 커다란 종이 가방에서 무언가를 꺼냈습니다. 개나리꽃처럼 예쁜 노란색 안전 모자였습니다.

"와, 예쁘다!"

기대에 찬 아이들이 속삭였습니다.

"정답이 아니더라도 열심히 하면 이 안전 모자를 선물로 줄게요."

아이들이 두 눈을 초롱초롱하게 뜨고 박사님의 질문에 집중했습니다.

"국민 안전의 날은 언제일까요?"

"저요!"

병호가 번쩍 손을 들었습니다. 아이들의 시선이 모두 병호를 향했습니다.

"4월 16일입니다!"

병호가 당당하게 큰 소리로 말했습니다.

"맞아요. 정답입니다!"

병호는 친구들의 부러움을 받으며 앞으로 나가 노란 안전 모자를 받았습니다.

"두 번째 문제예요. 일을 하다가 위험하다고 생각되면 어떻게 해야 할까요?"

"그래도 하던 일은 계속해야 해요."

은희가 번쩍 손을 들고 말했습니다.

"아니에요. 위험한 상황이 되면 언제든 하던 일을 멈추고, 재빨리 그 자리에서 빠져나와 주변에 알려야 합니다."

박사님은 답은 틀렸지만 열심히 답을 한 은희에게도 안전 모자를 주었습니다.

"세 번째 문제입니다. 작업 현장에서 가장 많이 일어나는 직업 안전사고 네 가지를 맞춰 보세요."

"추락 사고요!"

"횡단보도 사고요!"

"화재 사고요!"

아이들이 너도나도 손을 들며 외쳤습니다.

"가장 많이 일어나는 직업 안전사고는 높은 곳에서 일하다가 실수로 떨어져서 큰일을 당하는 추락 사고, 기계나 자동차에

부딪히는 충돌 사고, 교통사고가 이에 해당하겠지요. 엘리베이터 문이나 지하철 슬라이딩 도어 같은 곳을 수리하다가 문에 끼이는 사고, 정화조나 하수도를 청소하다가 독한 가스에 숨이 막히는 사고입니다."

박사님의 설명에 아이들의 표정이 어느 때보다 진지해 보였습니다. 아이들의 부모님 중에도 다양한 직업을 가진 분들이 많았기 때문입니다. 박사님은 그밖에도 많은 직업 안전에 대해 자세히 이야기해 주었습니다. 아이들은 저마다 엄마, 아빠가 일하면서 안전사고를 당하지 않기를 바라는 마음이었습니다.

수업을 마치자 박사님은 미옥이네 반 아이들 모두에게 노란 안전 모자를 선물로 주었습니다. 아이들은 안전 모자를 쓰고 박사님과 함께 사진도 찍었습니다. 수줍음이 많은 현주도 오늘만큼은 적극적으로 질문을 했습니다. 미옥이는 이모부가 너무 자랑스러웠습니다.

특히, 수업이 끝나고 아이들이 큰 박수를 칠 때는 덩달아 뿌듯한 마음이 들었습니다. 미옥이는 이모부와 함께 집으로 가며 물었습니다.

"이모부, 우리 아빠가 일하는 곳은 안전할까요?"

미옥이는 문득 회사에서 일하고 있을 아빠 생각이 났습니다.

"미옥아, 아빠가 일하는 곳은 건설 현장이라서 먼지가 심하고, 쇠처럼 무거운 물건들이 떨어질 염려가 있는 위험한 현장이란다. 하지만 그렇기 때문에 더더욱 안전에 철저히 대비해서 일하니 너무 걱정할 필요는 없어. 안전사고는 미리 대비만 하면 일어날 확률이 거의 없거든."

미옥이는 아빠에게 미안한 생각이 들었습니다. 지금까지 아빠의 직업 안전에 대해서는 생각해 보지 않았기 때문입니다. 그리고 문득 엄마가 일하는 곳도 궁금해졌습니다.

"이모부, 엄마가 일하는 회사는 음식을 만드는 곳이니까 안전하지요?"

"그곳에서도 안전사고는 일어날 수 있지."

"음식 만드는 회사는 실내니까 안전할 것 같은데요?"

"음, 과연 그럴까?"

미옥이는 그 순간, 작년에 있었던 일이 떠올랐습니다.

엄마가 여러 가지 음식을 만들다가 기름이 튀어 화상을 입을 뻔했던 적도 있었고, 미끄러운 주방 바닥에서 넘어져 팔이 부러진 적도 있었기 때문입니다.

그때는 지나쳤던 일들이 지금 생각해 보니 모두 작업장에서 일어날 수 있는 안전사고였던 것입니다.

"이모부, 엄마와 아빠도 직업 안전 교육을 배웠지요?"

"그럼! 회사마다 직업에 맞는 안전 교육을 꼭 해야 해. 가장 중요한 건 미리미리 준비하고 대비하는 거야."

"네, 저도 안전사고에 미리미리 준비하고 대비할 거예요."
"하하, 우리 미옥이는 나중에 어떤 직업을 갖든 걱정없겠다!"
그날, 미옥이는 집에 돌아와 엄마, 아빠에게 편지를 썼습니다. 고마움과 미안함이 담긴 미옥이의 사랑의 편지였습니다.

안전이 최고야!

🌱 문제를 잘 보고 알맞은 곳에 스티커를 붙여 보세요.

1 전기를 다루는 일을 할 때는 무엇을 주의해야 할까요?

㉮ 장갑을 끼면 불편하니까 맨손으로 일해요.

㉯ 전기가 통할 수 있으니 절연 장갑을 껴요.

2 굴착기로 땅을 파며 일할 때 주의할 점은 무엇일까요?

㉮ 큰 소리에 청력이 손상될 수 있으니 귀마개를 사용해요.

㉯ 시끄러워도 꾹 참고 빨리 일을 끝내요.

3 일을 하다가 위험한 상황이 생기면 어떻게 해야 할까요?

㉮ 최대한 빨리 끝낼 수 있도록 더욱 서둘러요.

㉯ 즉시 하던 일을 멈추고 자리를 피해요.

4 경찰도 안전사고에 미리 대비해야 할까요?

㉮ 위험 상황이 생길 수 있으니 더욱 조심해야 해요.

㉯ 경찰이니까 미리 대비할 필요 없어요.

5 미용실에서도 위험한 사고가 일어날 수 있나요?

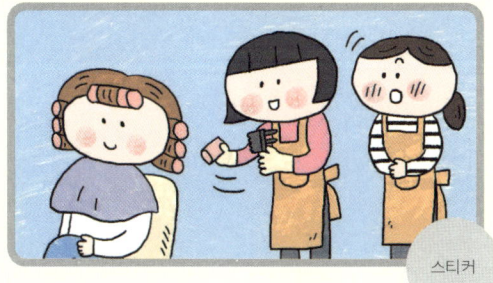

㉮ 파마나 염색을 할 때, 약품을 사용하므로 안전 교육이 필요해요.

㉯ 머리만 예쁘게 하면 되니까 위험한 일은 없어요.

노경실 선생님의 '산업 재해 안전' 이야기

　사람들이 편리하고 안전하게 살기 위해서 일하는 것을 산업이라고 해요. 금융업, 운수업, 서비스업도 같은 산업도 있고 농업, 목축업, 임업, 광업, 공업처럼 물건을 만들고 농산물을 생산하는 산업도 있지요. 다양한 산업의 종류만큼 그 안에는 다양한 직업들이 있어요. 그리고 다양한 안전사고도 일어나지요. 소중한 몸과 생명을 안전하게 지키기 위해서는 산업 재해 안전에 대해 꼭 알아두어야 해요.

정답: ❶ 가 스티커 / ❷ 나 스티커 / ❸ 나 스티커 / ❹ 가 스티커 / ❺ 가 스티커

Safe lifestyle to create a safe future

    These days, why do we live in a more dangerous world despite the new technologies and high-tech products? The biggest reason is the social structure that is so complicated and moving insanely fast. It is really important to create a safe environment. Safety education is essential at home, at school, in the neighborhood, and at work. Among them, it is the most important to keep our own safety.

    Safety is not kept by 'words' or 'thoughts'. 'Knowing the right thing', that is, we need knowledge. Do you remember the proverb, "I see as much as I know, I understand as much as I know?" Even in the case of safety, the situation is the same. As far as we know, we can keep our safety. So it's very dangerous to know roughly. We must have the right safety knowledge through books and education.

    The 'Children's Safety Fairy Tales Series' tells children that keeping my body safe is: first, to protect my life and health, second, the first step in shaping my wonderful future. Also, it gives pleasure to our loved families and friends. I hope this book will be a good and friendly friend and teacher for the children's happy and safe life.